PETER FELDMANN

Kopiervorlagen zu

„Wünsch dir (k)einen Drachen"

Textarbeit

Rechtschreibung

Grammatik

Bibliografische Information der Deutschen
Nationalbibliothek
Die Deutsche Nationalbibliothek verzeichnet diese
Publikation in der Deutschen Nationalbibliografie;
detaillierte bibliografische Daten sind im Internet über
http://dnb.d-nb.de abrufbar

2. Auflage

Herstellung und Verlag:
BoD - Books on Demand, Norderstedt
ISBN: 9783734793646

Inhalt

Textarbeit:

Rechtschreibung:

Grammatik:

Fächerübergreifender Unterricht:

Daniel rennt weg!

Daniel hat Angst, kaum dass er ein paar Worte mit Snatch gewechselt hat. Was läuft da schief? Erkläre!

....

....

....

....

....

....

....

....

....

....

....

Hättest du auch so reagiert?

....

....

....

....

....

....

Inhaltsangabe

Eine Inhaltsangabe besteht aus drei Teilen:

Einleitung
Hauptteil
Schluss

In der Einleitung wird erklärt, um welches Werk es sich handelt:

Textsorte: Kinderbuch oder Roman
 Autor: Peter Feldmann
Titel: Wünsch dir (k)einen Drachen
Handlungsort: Schwarzenbruck bei Nürnberg
Handlungszeit: Sommer
Und die eigentliche Handlung in einem Satz: Daniel findet ...

1) Der **Einleitungssatz** beginnt also mit:

Das Kapitel 3 im Kinderbuch von Peter Feldmann „Wünsch ...

....

....

....

....

2) Der **Hauptteil** fasst die Handlung in der richtigen Reihenfolge zusammen.

a) Dabei musst du darauf achten, das Präsens zu verwenden:
   „Snatch hustete" wird zu „Snatch hustet".
b) Du darfst keine eigenen Gefühle oder Kommentare einfügen.
c) **Direkte Rede**   **„Ich bin bestohlen worden!", sagte er.**

                    wird zu

indirekter Rede   **Er sagte, er sei bestohlen worden.**

3) Im Schlussteil kannst du auf Besonderheiten eingehen oder darauf, wie dir der Text gefallen hat. Wir benötigen aber nicht bei jedem Kapitel des Buches solch einen Schlussteil!

Kapitel 3

...und plötzlich hat er einen Drachen!

Aufgabe:

Schreibe eine Inhaltsangabe für Kapitel 3

(Besonders leistungsfähige SchülerInnen können Kap. 3 und 4 zusammenfassen
oder den ganzen ersten Tag!)

Unterstreiche zunächst im Buch die wichtigsten Wörter.

Diese ergeben sozusagen das Gerüst für deine Inhaltsangabe.

Du darfst nicht ganze Sätze unterstreichen und schon gar nicht ganze Absätze!

Versuche mal mit drei unterstrichenen Wörtern pro Seite auszukommen.

Geht das nicht, weil im Text ganz viel passiert, dann nimm 6 oder 9 Wörter!

....

....

....

....

....

....

....

....

....

....

Guten Appetit!

1) Was isst Snatch alles, als er mit Daniel zum ersten Mal zu den Imbissbuden am Einkaufszentrum fliegt?

....

....

....

....

....

....

....

....

2) Wie viele Menschen oder Familien könnte man damit satt machen?

....

....

....

....

....

....

....

Daniels Leben

Ändert sich in Daniels Leben etwas?

Beschreibe vorher ohne Drachen und

hinterher mit Drachen!

1) Lege zuerst eine Stichwortliste über die Unterschiede an!

vorher	nachher
....	....
....	....
....	....
....	....
....	....
....	....
....	....
....	....
....	....
....	....

2) Beschreibe diese Unterschiede in deinem Hausheft,

indem du Formulierungen benutzt wie:

während, im Gegensatz dazu, vorher, nun,

ganz anders jedoch, aber, auch, im Hinblick auf

Appellieren - einen Brief schreiben

Snatch ist zwar eine „Person", aber in Deutschland kommt man nicht weit, wenn man keinen Ausweis hat.

In Kapitel 11 sorgt der Bürgermeister von Schwarzenbruck für einen richtigen Personalausweis für Snatch, nachdem nämlich sehr viele Bürger Briefe geschrieben hatten, in denen sie die Stadt dazu aufforderten, Snatch einzubürgern oder ihn sogar zum Ehrenbürger zu machen.

Aufgabe: Schreibe einen Brief an den Bürgermeister, worin du Snatchs Lage erklärst und erläuterst, warum Snatch einen Ausweis bekommen müsste, wie jede andere Person auch!

....

....

....

....

....

....

....

....

....

....

....

....

....

....

....

....

....

....

....

Welche Personen tauchen im Text auf?

Sammle in Stichworten:

Name	Seite	Aussehen, Alter, Eigenheiten ...

Personenbeschreibung

Snatch

Beschreibe Snatch! Was ist Snatch genau?

Wie sieht er aus? Wie verhält er sich?

Was gibt es Besonderes an ihm?

....

....

....

....

....

....

....

....

....

....

....

....

....

....

....

....

....

....

Kapitel 26, S.71,72 - Turm zu Pisa:

Fertige aus Daniels Notizen einen richtigen
Tagebucheintrag an, mit vollständigen Sätzen!

Liebes Tagebuch...

....

....

....

....

....

....

....

....

....

....

....

....

....

....

....

....

....

....

....

Brief an Manuel

Manuel ist Daniels Freund, leider ist er vor zwei Monaten mit der ganzen Familie nach Spanien zurückgezogen. Nun beschreibt Daniel in einem Brief, was er beim Kampf gegen die Seeschlange erlebt hat!

....

....

....

....

....

....

....

....

....

....

....

....

....

....

....

....

....

....

....

....

....

Schreiben in drei Schritten:

1) Stichwörter

2) Text zweizeilig vorschreiben

3) Text verbessern

FERIEN

Du machst Ferien an einem Strand wie die beiden im Buch!

1) Lege eine Stichwortliste an!

2) Und nun beschreibe ausführlich:

Wie sieht dein Tagesablauf aus, wenn niemand dir dreinredet, was du zu tun oder zu lassen hast?

3) Überlege noch einmal, ob es nicht passendere Verben gibt!

Benutze treffende aussagekräftige Adjektive und Adverbien!

Stelle sprachlich interessant dar, was dir wirklich wichtig ist!

Benutze Redewendungen wie:

... und das Größte ist ...,

Aber das Beste daran ist ...,

... und was ich am meisten schätze ...,

Und wisst ihr ...,

... das müsst ihr erlebt haben ...

... am meisten Spaß macht allerdings ...

... ein bisschen vermisse ich ... aber ...

Benutze superlativische Ausdrücke wie: herrlich, wunderschön, großartiges (Wetter), traumhaft, klares Wasser, blauer Himmel!

Erfinde Vergleiche wie: das Wasser wirkt wie tiefblaue Tinte ...

Begleitbrief für ein Paket mit Lebkuchen

Daniel besucht den Christkindlesmarkt in Nürnberg und schickt vor Weihnachten ein Lebkuchen-Paket an die Familie Brown nach England.

Er legt einen Begleitbrief dazu. Überlege, was er alles über den Markt, seine Familie, seine Gefühle, das Wetter und natürlich nicht zuletzt über Snatch berichten kann!

Lege eine Stichwortliste an!

....

....

....

....

....

....

....

....

....

....

....

....

....

....

Schreibe den Brief auf Deutsch! Eigentlich müsste er ja auf Englisch verfasst werden, vielleicht kannst du ihn im Englischunterricht übersetzen?

....

....

....

....

....

....

....

....

....

....

....

....

....

....

....

....

....

....

....

....

....

....

Snatch ist nur ein Symbol?

Was ist überhaupt ein Symbol?

+

....

=

....

-

....

....

....

Snatch? ....

....

....

....

....

....

Was ist eigentlich dein Lieblingsbuch?
Schreibe einen Klappentext dafür!

Ein Klappentext gibt kurz den Inhalt des Buches wieder
und macht Lust darauf, das Buch zu lesen.
Er darf aber nicht alles verraten!

....
....
....
....
....
....
....
....
....
....
....

NOMINALISIERUNG

Adjektive können nominalisiert werden!

Man muss nur beispielsweise einen Artikel hinzufügen:

groß - die Größe

Suche die nominalisierten Adjektive unten aus dem Diktattext heraus und schreibe sie hier auf:

....

....

Partnerdiktat oder Schleichdiktat

Snatch

Die Größe Snatchs ängstigte die Kinder nicht. Und das Gefährliche und Geheimnisvolle eines Feuerdrachen machte ihn nur noch anziehender für sie! Das Schöne war, dass man mit ihm Spaß haben konnte!

Für Daniel war es das Größte, mit ihm zu fliegen.

„Das ist eben das Dumme", meinte Snatch, „dass ich nicht so weit fliegen kann, weil ich zu viel Energie verbrauche!"

„Ja, das ist das Lästige daran", meinte Daniel. „Dauernd hast du Hunger!"

....

....

....

....

....

....

....

....

....

....

NOMINALISIERUNG

Verben können auch nominalisiert werden!

laufen - das Laufen

Folgende Wörter sind

Signalwörter für die Nominalisierung:

Artikel:	der, die, das (oder „beim" = bei dem)
Numeralien:	kein, viel, wenig
Adjektive:	schönes, anhaltendes, häufiges, seltenes, lautes, wildes ...
Possessivpronomen:	mein, dein, sein ...

Beispiele:

singen - Das Singen klang schaurig.

beten - Kein Beten half.

schreien - Lautes Schreien kam aus der Klasse.

rechnen - Mein Rechnen muss besser werden.

Schreibe in richtiger Groß- und Kleinschreibung in dein Heft:

Vorsicht, Falle!

DAS ERFORSCHEN DER HÖHLEN KOSTET NERVEN.

ICH ERFORSCHE DEN SUPERMARKT.

ES IST LEISES ANSCHLEICHEN VONNÖTEN.

ER SCHLEICHT SICH LEISE AN.

DEIN HUSTEN IST ZU LAUT.

ER HUSTET LAUT.

DAS LANGE WARTEN IST UNANGENEHM.

MAN WARTET HALT LANGE.

SEIN GEHEN WAR NICHT ZU HÖREN.

ER GEHT UNHÖRBAR.

Aufgabe:
Schreibe den Text in richtiger Groß- und Kleinschreibung in dein Heft!

DANIELS TAGEBUCH, DAS ER ZUHAUSE AUSGEARBEITET HAT:

IN SÜDITALIEN IST ES HEISS. MEIN HEFTIGES SCHWITZEN LÄSST NACH, ALS ICH MICH BEI EINEM ALTEN ZERFALLENEN TEMPEL IN DEN SCHATTEN SETZE. NACH LÄNGEREM SITZEN WIRD MIR SOGAR REGELRECHT KALT. EIN PAAR SÄULENSTÜCKCHEN LIEGEN HIER AUCH NOCH HERUM. SIE SIND GANZ MIT EFEU ÜBERWACHSEN, DAS MACHT DAS ROMANTISCHE AN IHNEN AUS.

SNATCH MEINT, ER WISSE NOCH, WIE DAS ALLES FRÜHER GEWIRKT HABE UND ES SEI DOCH EINE GROSSE SCHANDE, DASS ES JETZT SO AUSSÄHE. ICH ZUCKE DIE SCHULTERN, ABER ER BEGINNT, DIE SÄULEN WIEDER AUFZUSTELLEN. NUN GUT, DAS IST EIN SCHÖNES PUZZLE, ICH HELFE MIT BEIM SUCHEN.

ABER NACH EINIGER ZEIT KOMMT DOCH SCHON WIEDER JEMAND UND DROHT UNS MIT DER POLIZEI! SOLLTEN DIE NICHT EIGENTLICH DANKBAR SEIN, DASS JEMAND SICH UM DIE ALTERTÜMER KÜMMERT, DIE HIER VOR SICH HIN VERROTTEN? KEIN ARGUMENTIEREN HILFT. WIR FLIEGEN WEITER NACH SÜDEN. SCHON VORGESTERN HATTE ICH SNATCH GEFRAGT, WOHIN ER DENN EIGENTLICH WOLLTE. UND ER HATTE GEANTWORTET, WOHIN ER DENN WOHL WOLLEN KÖNNTE: NATÜRLICH NUR IN DIE BASILICATA, DENN DER BEGRIFF KÄME VON „KÖNIG" UND SEI VERWANDT MIT „BASILISK", DAS WIEDERUM IST EIN ENTFERNT DRACHENÄHNLICHES WESEN.

DIE GANZE GEGEND SEI AUCH ANGEBLICH EINE ART GARTENLANDSCHAFT, WAS IMMER DAS WOHL HEISSEN SOLL. OKAY: ALSO MACHEN WIR DRACHENURLAUB NATÜRLICH NUR IN DER BASILICATA.

DAS WIRD BESTIMMT TOLL!
ACH JA, ES IST JA SCHON TOLL!
ICH FRAGE MICH, WAS MARTIN UND KARLI JETZT WOHL MACHEN?

26

Dehnung   und   Schärfung

Dehnung:

„Haken" mit lang gesprochenem „a" klingt weich oder eben gedehnt

Hier mit anderen Vokalen:

Maße

Huhn

Miete

Fahne

Schärfung:

„Hacke" mit kurz gesprochenem „a" klingt „hart" oder eben scharf

Die Verdopplung gilt natürlich auch für andere Konsonanten:

Masse

Fackel - hier ist „kk" zu „ck" geworden

Mitte

Nummer

Affe

Bank - hier sind es zwei verschiedene Konsonanten - „nk" - statt zwei gleicher!

Deutlicher wird es in der Gegenüberstellung recht ähnlicher Wörter:

Nass	**Nase**
Hass	**Hase**
Pfanne	**Fahne**
Fall	**Pfahl**
Hacke	**Haken**
stellen	**stehlen**
Kummer	**Kuh**
Bank	**Bahn**

Gut merken kann man sich das an dem Wortpaar **„Masse - Maße"**

oder an **Feldmanns Reißverschlussprinzip**:

In „Reißverschluss sind beide Fälle vorhanden, das „ei" wird (relativ)

lang gesprochen, das „u" kurz, so entstehen „ß" und „ss" in diesem

Wort.

Sortiere diese Wörter in die Tabelle nach Dehnung und Schärfung!

Dehnung: *dehnen*..................................... **Schärfung:***wann*.....................................

....

....

....

....

....

....

....

Lies den folgenden Text mehrmals und achte dabei besonders auf die Zeichensetzung!

Willi, der Bürgermeister, begrüßte Snatch vom Balkon aus: „Ihr wollt nach Italien?"

„Ich will unbedingt mal den schiefen Turm von Pisa sehen. Drachen lieben Türme", erklärte Snatch, „und schiefe Türme habe etwas ungeheuer Drachenromantisches, fast so wie Tropfsteinhöhlen und Imbissbuden!"

„Imbissbuden?", fragte Willi nach.

Snatch nickte.

„Okay, da hab ich eine Idee: Ich telefonier gleich einmal mit meinem Parteifreund, dem Verkehrsminister. Das wird schon!"

„Manfred! Hier ist Willi! Die Bundesbahn will Snatch und Daniel nicht mit dem Zug nach Italien fahren lassen", sagte Willi in den Hörer, „und es eilt, wir verstehen uns? Klar! Danke dir! Bis bald!" Er warf den Hörer auf die Station und grinste Daniel an.

„Und das wars schon? Meinst du, das klappt?", fragte Daniel.

„Ja sicher", sagte Willi zufrieden, „darauf kannst du dich verlassen, dass das klappt!"

Etwas später meinte Daniel: „Also, eigentlich hätte ich´s nicht geglaubt!"

„Du beziehst dich auf die Zuverlässigkeit der Bahn?", fragte Snatch nach.

„Ja klar", Daniel zuckte die Schultern, „aber jetzt sitzen wir tatsächlich in einem Zug."

„Auf", korrigierte Snatch, „wir sitzen auf einem Zug!"

Schau dir noch einmal gründlich die typischen Formen der Zeichensetzung bei der wörtlichen Rede an:

„Ich gehe" , sagte er.

„Kannst du", fragte sie, „mir morgen helfen?"

„Ich glaube nicht", meinte er.

Und bei Fragen und Ausrufen:

„Nein!", war seine Antwort.

„Wieso denn?", fragte sie.

Und hier trage die Zeichen entsprechend einmal ein :

Ich gehe   sagte er

Kannst du   fragte sie   mir morgen helfen

Ich glaube nicht   meinte er

Und bei Fragen und Ausrufen:

Nein   war seine Antwort

Wieso denn   fragte sie

Vermischtes:

Wie machst du das   fragten sie.

Er grinste   Das geht nur nach langer Übung   und er kratzte sich am Kopf   als kleines Kind habe ich damit angefangen

Na komm, da sind die Bälle   riefen sie   leg los

Ein letztes Mal   gab er nach   dann muss ich los

Hier fehlen im Text sämtliche Zeichen!
Füge sie mit Bleistift ein!

Willi der Bürgermeister begrüßte Snatch vom Balkon aus   Ihr wollt nach Italien

Ich will unbedingt mal den schiefen Turm von Pisa sehen Drachen lieben Türme   erklärte Snatch   und schiefe Türme habe etwas ungeheuer Drachenromantisches   fast so wie Tropfsteinhöhlen und Imbissbuden

Imbissbuden   fragte Willi nach

Snatch nickte

Okay da hab ich eine Idee   Ich telefonier gleich einmal mit meinem Parteifreund dem Verkehrsminister Das wird schon Manfred Hier ist Willi Die Bundesbahn will Snatch und Daniel nicht mit dem Zug nach Italien fahren lassen   sagte Willi in den Hörer und es eilt wir verstehen uns Klar Danke dir Bis bald Er warf den Hörer auf die Station und grinste Daniel an Und das wars schon

Meinst du, das klappt   fragte Daniel

Ja sicher sagte Willi zufrieden darauf kannst du dich verlassen dass das klappt

Etwas später meinte Daniel Also   eigentlich hätte ich´s nicht geglaubt

Du beziehst dich auf die Zuverlässigkeit der Bahn   fragte Snatch nach

Ja klar Daniel zuckte die Schultern   aber jetzt sitzen wir tatsächlich in einem Zug

Auf   korrigierte Snatch   wir sitzen auf einem Zug

Wortarten-Übersicht

Substantiv / Nomen (Namenwort / Hauptwort)	Auto, Kind, Kugel, Garten
Adjektiv (Eigenschaftswort / Wie-Wort)	groß, schön, hässlich, alt
bestimmter Artikel	der, die, das
unbestimmter Artikel	ein, eine, ein
Verb (Zeitwort / Tuwort)	schreiben, laufen, schenken
Hilfsverb	sein, werden, haben
Modalverb (Verb in Kombination mit anderen Verben)	wollen, sollen, dürfen, können, müssen, mögen (Beispiel: gehen müssen)

Adverbien (Umstandswörter)

Modaladverb	Frage: wie? gern, sehr, oft, nie, kaum
Temporaladverb	Frage: wann? heute, bald, gestern, dann
Lokaladverb	Frage: wo? rechts, dort, vorne
Kausaladverb	Frage: warum? deshalb, trotzdem
Präposition (Verhältniswort)	auf, am, in, unter, zum, mit, bei
Konjunktion (Bindewort)	und, oder, weil, da, als, dass, damit, wenn, nachdem, obwohl, obgleich
Numerale (Zahlwort)	drei, vier, fünf, sechs ...

Pronomen (Fürwörter, ersetzen Nomen)

Personalpronomen (persönliches Fürwort)	ich, du, er, sie, es, wir, er, sie
Possessivpronomen (besitzanzeigendes Fürwort)	mein, dein, sein, unser, euer, ihr
Demonstrativpronomen (hinweisendes Fürwort)	dieser, jener (aber auch „das, der, usw)
Relativpronomen (bezügl. Fürw., leitet einen Relativsatz ein)	der, die, das, welcher, welche,
Reflexivpronomen (rückbezügliches Fürwort)	mich, dich, sich, uns, euch, sich (Beispiel: Ich wasche mich.)
Interrogativpronomen (Fragefürwort)	wer, was , welcher, warum, wieso
Indefinitpronomen (unbestimmtes Fürwort)	alle, einer, niemand, jemand, viele, wenige, manche, man, etwas, nichts, mehrere

„Ich glaube nicht, dass unser Urlaub hätte schöner werden können", sagte

Daniel zu Snatch, „nur länger!"

„Ja", bestätigte Snatch, „länger, drei, vier Jahre etwa!"

Daniel lachte. Dann überlegte er, ob das nicht doch langweilig werden

würde. Und er meinte: „Ein andermal vielleicht?"

Da grinste Snatch und zeigte wieder seine 1000 Zähne: „Wäre schön,

aber ich habe doch auch immer so viel zu tun!"

1) Schreibe die Bezeichnung der Wortart

jeweils über die Wörter des Satzes:

„Ich glaube nicht, dass

unser Urlaub hätte

schöner werden

können", sagte Daniel

zu Snatch, „nur länger!"

2) Bearbeite die anderen Sätze entsprechend in deinem Hausheft!

dass & das

Beide Wörter können Nebensätze einleiten, mit

„das" als Relativpronomen:

Snatch kam aus einem Land, das sehr weit weg lag.

Man kann das Das ersetzen durch „dieses oder welches"!

„dass" als Konjunktion:

„Ich glaube, dass es morgen regnet!"

Man kann dieses Dass nicht ersetzen!

Ich glaube,   ...   es morgen regnet.

Er sagt,   ...   er ein neues Auto kauft.

Es ist unmöglich,   ...   die Butter schon wieder aufgebraucht ist.

Kinder glauben,   ...   es den Osterhasen gibt.

Ich nehme immer das Fahrrad,   ...   eigentlich meiner Frau gehört.

Er isst nichts,   ...   matschig gekocht ist.

Holst du bitte das Salz,   ...   im Keller im Regal steht?

Das ist das Kind,   ...   immer schreit.

dass

1) Daniel wünscht sich, Snatch würde für immer bleiben.

2) Er weiß aber, es wird anders kommen!

3) Er konnte sich nicht vorstellen, auf einem fliegenden Drachen zu fliegen!

4) Sie wollten mal verreisen und es stellte sich heraus, sie konnten wirklich mit der Bahn fahren!

5) Daniel meinte aber, Snatch müsste nun ein Konto bei der Bank haben.

6) Snatch sagte, er habe ja keinen Ausweis!

Aufgabe 1)

Formuliere den Text um, so dass du die Konjunktion „dass" benutzen kannst!

Beispiel: Daniel wünschte sich, dass Snatch immer bleiben würde.

....

....

....

....

das

Sie fuhren in ein Land, das einige Überraschungen bereithielt.

Sie kamen ans Meer, das knallblau aussah.

Sie aßen Brot, das schon ganz schön alt war.

Sie hatten ein Glück, das sie gar nicht richtig begreifen konnten.

Aufgabe 2)

Ersetze das Relativpronomen „das" durch „welches"!

Beispiel: Sie fuhren in ein Land, welches einige Überraschungen bereithielt.

....

....

....

....

KONJUNKTIONALSÄTZE & Relativsätze

da, weil, denn, obwohl, während, als, dass, ob, **&** der, die, das, welcher, welche, welches

... man kein Meereswasser trinken kann, holte Daniel sich das Süßwasser, ... oben an der Klippe einen Miniwasserfall bildete. Snatch hatte wieder mal keine Probleme damit, ... er vertrug tatsächlich auch Meerwasser, ... sein Magen entsalzte. Das überflüssige Salz verbrannte er in einer Flamme, ... dadurch grünlich verfärbt wurde. Snatch behauptete sogar, ... ihm das Salzwasser hier besonders gut schmekke, ... es sehr sauber sei.

... Daniel auch ganz zufrieden war, freute er sich doch enorm, ... die Browns eine Flasche zuckerfreie Cola mitbrachten, ... aber schnell leer war.

Daniel zeichnete die Jacht, ... den Browns gehörte, ... er sie unheimlich schick fand. Die Zeichnung, ... recht gut wurde, schenkte er den Browns, ... sie einrahmten, um sie ins Wohnzimmer zu hängen.

20 Jahre später sollten sie sogar Angebote von Museen bekommen, ... das Kunstwerk kaufen wollten. .... die Browns lehnten ab, ... das Bild war ein wichtiges Erinnerungsstück für sie.

Tempora

Plusquamperfekt
ich hatte gefürchtet   war gelaufen

Präteritum
ich fürchtete   lief

Perfekt
ich habe gefürchtet   bin gelaufen

Präsens
ich fürchte   laufe

Futur I
ich werde fürchten   werde laufen

Futur II
ich werde gefürchtet haben   werde gelaufen sein

Beispiel A zur Verwendung der Tempora:

Plusquamperfekt   vor   Präteritum

Er hatte eine Tüte Gummibärchen gekauft, bevor sie losfuhren.

Perfekt   vor   Präsens

Er hat sie schon aufgegessen, dabei sind sie erst 10 Minuten unterwegs.

Präsens   vor   Futur I

Er wartet nur auf den nächsten Halt, dann wird er noch eine Tüte kaufen.

Futur II   vor   Futur I

Am Ende der Fahrt wird er drei Tüten Gummibären gegessen haben und
ihm wird schlecht sein.

Beispiel B zur Verwendung von Perfekt und Präteritum

Das Perfekt soll normalerweise etwas darstellen, was in der Vergangenheit gerade passiert und abgeschlossen ist oder dessen Folgen möglicherweise bis jetzt nachwirken:

Er hat eben den Hammer auf seinen Daumen geschlagen, jetzt schmerzt der Daumen.

Oder:

„Ich bin gestern noch nach Feucht gefahren und habe mit Gerhard Schach gespielt", erzählte Daniel seinem Bruder später.

Es klänge merkwürdig, wenn Daniel in der wörtlichen Rede das Präteritum benutzte:

„Ich fuhr gestern noch nach Feucht und spielte mit Gerhard Schach", erzählte Daniel seinem Bruder später.

Im *Schriftdeutsch, in Büchern, Aufsätzen usw., ist es jedoch normal und angemessen, das Präteritum* zu verwenden:

Am Morgen fuhr er nach Feucht und spielte mit Gerhard Schach. Gerhard gewann fast alle Partien. Daniel kam aber ganz entspannt nach Hause. Fröhlich pfiff er vor sich hin.

Der Konjunktiv I
Wenn man darstellen will, was jemand anderes gesagt oder gedacht hat, benutzt man den Konjunktiv I:
Georg meint, sein Vater habe gesagt, das Auto sei defekt.

Der Konjunktiv II
Wenn man darstellen will, dass etwas unwahrscheinlich ist, benutzt man den Konjunktiv II:
Wenn es nicht regnete, würde ich draußen malen.

Bestimme die Tempora:

„Sie sind in die Katakomben geflüchtet. ....

Sie denken wahrscheinlich, ...

da *könne* man sie nicht finden", ...

berichtete Snatch und übersetzte..

auch gleich für die Browns. ....

Herr Brown stand da, mit in die ....

Seiten gestemmten Händen, ...

Frau Brown hielt Leila an sich gedrückt. ....

Daniel wusste von den Katakomben, ...

sie hatten bei einem Schulausflug ....

zur Burg davon erzählt bekommen. ....

Der Kunstlehrer hatte ihnen schauerliche ....

Geschichten über frühere Zeiten erzählt ....

und dass sein Großvater immer behauptet hatte, ...

dass man früher von dort aus bis zur Pegnitz ....

habe gelangen können. ....

Aber man *habe sich* schon sehr gut *auskennen müssen,* ....

da man sich ansonsten dort unten verirrt habe, ...

ohne Chance, das Tageslicht je wiederzusehen. ....

„Ich passe da nicht rein", ...

stellte Snatch bedauernd fest. ....

„Aber ich kenne jemanden, ...

den ich *holen könnte* ..." ....

„Sollen wir nicht die Polizei verständigen?", ...

fragte Daniel. ....

„Die Polizei kann nicht das, ...

was mein Freund kann, nämlich ....

Leila zielsicher aufspüren! ....

Die Polizei kann man dann ja immer noch einschalten. ....

In kaum zwei Stunden werden wir sie gerettet haben." ....

„Good!", sagte Herr Brown grimmig..

LESETRAINING - AUGENTRAINING

Lies die Spalten so schnell wie möglich!
Wenn du nicht den ganzen Text liest, markiere dir das Ende deiner Übung im Text!
Stoppe dabei deine Zeit und notiere sie hier mit Datum!
Wiederhole die Übung nach ein paar Tagen!

benötigte Zeit: **Datum:**

....

....

....

....

Drachen sind wie Menschen zweibeinig laufende Allesfresser. Sie besitzen einen massigen Schädel, welcher durch einen langen, recht schweren Schwanz ausbalanciert wird. Sie verfügen über lange und kräftige Hinterbeine und im Vergleich zierliche die Arme. Die krallenbewehrten Hände sind äußerst geschickt.

Mit einer Länge von bis zu 14 Metern und einer Hüfthöhe von vier Metern und einem Gewicht von bis zu 10 Tonnen sind es die größten Landlebewesen überhaupt.

Die Augen sind nicht nach vorne, sondern eher zur Seite gerichtet, was ein ungewöhnlich gutes räumliches Sehen ermöglicht.

Drachen sind erstaunlicherweise lebendgebärend - sie dürfen also nicht mit Echsen verwechselt werden!

Drachenkinder bleiben lange klein, um dann plötzlich zu wachsen. Dies ermöglicht eine lange Zeit glücklichen Spielens und Lernens, was die ausgeglichene Art und die Weisheit der Drachen allgemein erklärt.

Feuerdrachen besitzen zur Erzeugung von Flammen einen besonderen Enzymspeicher, der dem Magen zuarbeitet, um Teile der Nahrung durch die speziellen Enzyme schnell zu verdauen und in Gase aufzuspalten. Diese werden durch Kontraktion des Magens ausgespien und mittels gleichzeitigem Ausatmen angefacht. Winzige Platin-Partikel in den Zähnen wirken als Katalysatoren um das hochexplosive Gasgemisch zu entflammen.

Drachen, die nicht ab und zu in ihrer Entwicklung platinhaltige Nahrung bekommen, können kein Feuer speien. Drachen gehören nicht nur zu den größten Lebewesen, sondern sind definitiv auch die langlebigsten. Man schätzt, dass sie 10000 Jahre alt werden können. Eines der letzten Geheimnis um Drachen ist ihre Flugfähigkeit, die eigentlich nicht gegeben sein dürfte, denn das Verhältnis von Körpergewicht zu Schwingengröße und Ausbildung der Flugmuskulatur ist völlig unproportional. Dass sie überhaupt fliegen, dürfte noch unwahrscheinlicher sein, als beim bekannten Pegasus. Aber Forscher vermuten, dass Magie mit im Spiel ist. Die Drachen selber äußern sich leider nicht dazu.

In den letzten Jahren hat die Drachenforschung weltweit Fortschritte gemacht. In Deutschland wird an der Technischen Universität Aachen an einer Schuppe des Panzers eines Drachen geforscht, um zu erfahren, wie es kommt, dass Drachen in der Regel praktisch unverwundbar sind. Das Material dieser Drachenschuppe ist jedenfalls kein normales Hautprodukt wie z.B. unsere Fingernägel, die aus Horn bestehen.

Quelle: Modern Dragon Science Washington, 2013

Unlesbar? Nein!

Versuch es auch hier mit der Stoppuhr!

Der Sohn fragt den Vater: „Papa, kannst du mir erklären, wie das Gehirn funktioniert?" – „Lass mich in Ruhe! Ich habe was anderes im Kopf.

Seit Jahrzehnten erklären Eltern ihren Kindern: „Esst eure Teller leer, dann wird schönes Wetter!" Und was haben wir davon? Fette Kinder und eine Klimaerwärmung!

Sagt der Pfarrer bei der Taufe: „Und Sie sind absolut sicher, dass Sie Ihren Sohn Axel nennen wollen, Herr Schweiß?"

Lehrer: „Fritzchen, was heißt ‚I have no idea' auf Deutsch?" Fritzchen: „Ich habe keine Ahnung!" Lehrer: „Richtig!"

Was ist der Unterschied zwischen einer Schule und einem Irrenhaus? – Die Telefonnummer.

Lehrer in der Schule zu den Kindern: „Es ist euch sicher schon aufgefallen, die Vorsilbe ‚un-' bedeutet meist etwas Unangenehmes, wie z. B. Ungeschick, Unfall, Unglück und so weiter. Peter, kannst du uns auch ein Beispiel dazu sagen?" „Ja, Herr Lehrer, Unterricht!"

Sprüche:

Ich geh kaputt, gehst du mit?

Sagt Abraham zu Bebraham: „Kann ich mal dein Zebra ham?"

Das größte Problem im Leben ist die Tatsache, dass man den Fernseher nicht mehr versteht, während man Chips isst.

Spinat schmeckt am besten, wenn man ihn wegwirft und Pizza bestellt.

Theorie ist, wenn man weiß, wie es geht, aber es nicht funktioniert. Praxis ist, wenn es funktioniert, man aber keine Ahnung hat wieso. Hier sind Theorie und Praxis perfekt miteinander vereint: Nichts funktioniert und keiner weiß wieso.

„Weißt du eigentlich, was mit kleinen Jungen passiert, die am Sonntagmorgen nicht in die Kirche kommen und stattdessen lieber Fußball spielen?", fragt der Pfarrer. „Klar" sagt Peter, „die spielen später mal in der Bundesliga und verdienen Millionen!"

Sagt die eine Wand zur anderen Wand: „Wir treffen uns an der Ecke!"

Wird ein Vampir bei der fastnachtlichen Polizeikontrolle angehalten. „Haben Sie etwas getrunken?", fragt der Polizist. „Ja", sagt der Vampir, „zwei Radler."

41

DIFFERENZIERUNG - WAHRNEHMNGSTRAINING - LESETRAINING

Lies diese Übungen immer mit Stoppuhr!
Wiederhole die Leseübung nach ein paar Tagen!

Daniel
und Snatch
hatten ein paar
Tausend Euro verdient
und es wurde immer noch
mehr. Das Geld passte bald
nicht mehr in Daniels Portmonee!
Auch in sein Sparschwein passte es
nicht hinein. Und Snatch hatte ja nicht
mal ein Portmonee, ein Sparschwein sowieso
nicht. Sie brauchten Bankkonten. Also spazierten
sie eines Donnerstagnachmittags zur Raiffeisenbank
an der Hauptstraße. Kaum standen sie davor, ertönte ein
Alarm und es rannten zwei maskierte Männer mit Pistolen
in den Händen und Säcken über der Schulter heraus. Sie schubsten
Daniel zur Seite und verschwanden in einem blauen Auto, das davonpreschte.
„Bankräuber!", schrie Daniel, als er sich vom Schreck erholt hatte. „Nein, schau!",
meinte Snatch. „Die Bank ist doch noch da!" „Jaja, die haben das Geld geklaut!
Können wir sie fangen?" Snatch grinste. „Steig auf!" Hastig kletterte Daniel
auf Snatchs Rücken und Snatch legte einen Schnellstart hin, der
olympiareif gewesen wäre, wenn Drachen dort hätten
teilnehmen können. Er donnerte die Straße hinunter
und dann … wurde Snatch auch schon wieder
langsamer. Das Auto war verschwunden.
Snatch meinte: „Ich rieche, dass die
da links abgebogen sind!" Und er
kürzte über den Wald ab. Die
Bundesstraße erschien und
dort sahen sie auch schon
den blauen Wagen.

Snatch	ließ	sich	einfach	auf	das	Auto
fallen.	Die	Stoßdämpfer		brachen	ein,	die
Achsen	knickten	weg,	der	Wagen	kreischte	
protestierend,	als	er	über	die	Straße	
schrammte.	Tiefergelegt	in	Sekundenschnelle!		Auch	
das	Dach	war	nun	viel	niedriger!	
Dieses	Auto	würde	nirgendwohin mehr		fahren.	

Also, Drachen sind auch lebende Schrottpressen. Die Räuber waren eingesperrt, da sich die Türen verklemmt hatten. Snatch und Daniel blieben trotzdem dabei, um aufzupassen. Als irgendwann die Polizei kam, erklärte Daniel: „Die Geldräuber ...“

„Was, wie bitte!“, fragte der Polizist mit dem Notizbuch nach.

„Also die Bankräuber kamen gerade aus der Bank, als wir davor standen. Wir haben sie verfolgt und sie hier, äh, angehalten. Die Beute müssten sie noch im Wagen haben.“

Die Räuber schrien, man sollte sie da rausholen, sie könnten nicht mehr so zusammengequetscht sitzen!

Die Polizisten überlegten, dass sie die Feuerwehr holen müssten, um den Wagen mit riesigen hydraulischen Blechscheren aufschneiden zu lassen.

Snatch brummte: „Das geht auch einfacher!“ Und er begann vorsichtig mit seinen gewaltigen spitzen Zähnen das Dach anzuknabbern, schließlich konnte er es richtig packen und er riss es - krieeeetsch - ab, wie man den Deckel einer Fischdose abreißt.

Nun noch eine Tür - ratsch-klonk - und die Polizei konnte die Räuber in Gewahrsam nehmen.

Mittlerweile waren auch wieder Zeitungsreporter angekommen und ein gelungenes Bild von Snatch, der gerade das Autodach abreißt, zierte das Titelblatt der Zeitung am nächsten Morgen.

Schließlich konnten sie tun, wozu sie eigentlich hergekommen waren. Sie gingen zurück zur Bank.

Snatch passte da nicht hinein, er musste leider draußen bleiben, was er mit großer Würde tat.

Daniel bekam erst mal kein Bankkonto, sondern ein paar Papiere, die sein Vater unterschreiben sollte. Snatch hingegen könnte kein Konto bekommen oder habe er etwa einen Ausweis. Daniel stöhnte: „Jetzt geht das wieder los!“

Snatch meinte: „Lass gut sein, du kannst ja weiterhin mein Geld verwahren!“

„Das tue ich natürlich“, sagte Daniel. „Aber irgendwie ärgert mich das schon!“ Und als er das nächste Mal Willi traf, schilderte er ihm das Problem.

„...ieberhaupt ka Broblem!“ sagte Willi sofort, „iech sitz im Aufsichtsrat vo‘ der Bank. Ich tu‘ amol mit dennan delefoniern.“

Als Daniel die von seinem Vater unterzeichneten Papiere bei der Raiffeisenbank abgab, bekam auch Snatch fast problemlos seine Kontokarte und ein Sparbuch. Das einzige Problem entstand beim Eintragen seines Namens. „Ist das der Vorname oder Nachname?“, fragte man ihn.

„Vorname. Nachnamen gibts keinen“, erklärte Snatch, der den langen Hals durch die Tür der Bank in die Halle streckte, um mit dem Mitarbeiter zu reden, der ihn bediente. „Es ist die verkürzte Form von Bandersnatch! Jemand mit einem merkwürdigen Sinn für Humor hat mir den Namen verpasst.“

Andere Kunden wollten auch in die Bank und Snatch zog sich wieder zurück. Kurz darauf kam auch Daniel raus und gab Snatch sein Sparbuch. Der nahm es mit schiefgelegtem Kopf und sagte: „Hm, wo soll ich das denn nun hintun?“ Daniel kratzte sich am Kopf. Snatch hatte keine Taschen. Also musste man ihm eine kaufen, eine Umhängetasche!

Aber Snatch wollte nichts davon wissen. „Auf keinen Fall trage ich eine Umhängetasche! Drachen, die Umhängetaschen tragen, verursachen damit nur Unfälle. Die Taschen baumeln runter beim Fliegen, bleiben an Schornsteinen und Bäumen hängen und ehe man sich’s versieht, ist irgendwas Schlimmes passiert! Weißt du, es ist schon so: Besitz belastet nur! Hier, nimm du das Sparbuch und bewahre es für mich auf!“

1

„Ich will einen Drachen!", sagte der kleine Junge, Das Flüsschen gluckerte zustimmend.

„Ich will einen Drachen!" Daniel hatte ein paar Drachenbücher gelesen und war sich sicher: Mit Drachen war alles besser und er meinte die traurige Tatsache, dass man manchmal mit seinem Etui Fußball spielte, sein Vater ihn schon mal schlug, dass er sich das Zimmer mit zwei Brüdern teilen musste und dass alle ihn komisch anguckten, weil er der einzige war, der im Trainingsanzug zur Schule kam.

Eben war er am Klärwerk vorbei zur Karlshöhle runtergejoggt, hatte bei dem dreieckigen Felsentor einmal mit der Hand auf den Fels geschlagen, sich umgedreht und statt zu laufen, ging er nun ein Stück. Seine Brüder gaben damit an, dass sie die ganze Runde von etwa drei Kilometern laufen konnten. Ihm reichte ein Kilometer völlig, um aus der Puste zu sein, aber er war ja auch der Jüngste! Und alle meinten anscheinend, sie könnten auf ihm herumhacken, die Lehrer, seine Brüder, der Hausmeister, die Mitschüler.

Daniel hatte einen Film gesehen, in dem jemand sich durchsetzte, weil er plötzlich mit einem großen feuerspuckenden Drachen daherkam.

Dass er sich so sehr einen Drachen wünschte, musste nicht unbedingt heißen, dass er wirklich einen gebrauchen konnte. Das ist ja oft so im Leben. Jungen wüschen sich große Autos oder sogar Flugzeuge, dabei können sie weder Auto fahren noch Flugzeug fliegen. Oft können sie ja nicht mal ein großes Fahrrad fahren!

Ob Daniel also wirklich einen Drachen brauchte oder doch ganz andere Dinge, elterliche Liebe, etwas Geld, ein Zimmer für ihn alleine, konnte der uralte Mann nicht wissen, der oberhalb des Weges auf dem Felsen hinter einem Baum stand.

Der Mann war ein Zauberer von mittlerweile 300 Jahren. Und ihm taten Kinder immer sofort leid, wenn sie ein trauriges Gesicht machten. Nun passiert das oft, dass Kinder gerade mal nicht lachen und immer denkt der Zauberer, er müsse tätig werden. Sein Name ist Ycxkqyxckq, ein komischer Name aus einem komischen weit entfernten Land

1

... he said again, "I want a dragon!" The river gurgled approvingly.

"I want a dragon!" Daniel was his name, and he had read a few dragon books and was absolutely certain, with a dragon everything was better and he was referring to some sad facts: in school they sometimes played football with his pencil case, his father hit him every now and then, he had to share the children's room with his two brothers and everybody was looking down at him, because he always came to school in his jogging suit.

He had just run down to the Karlshöhle, passing the sewage plant, and had slapped the stone with its triangular opening. Now he turned around and instead of running, he walked a while. His brothers bragged about nonstop doing the whole round of about three kilometers. For him, the youngest, one kilometer was enough to be out of breath. Apparently everyone thought he could pick on him, the teacher, his brothers, the janitor, the classmates.

Daniel had seen a film about a boy, who gains acceptance by coming along with a big fire spitting dragon.

The fact that he wanted a dragon so very much, didn't automatically mean that he could really use one.
Much of that is going round today. Boys wish for big cars or even aero planes, but they can't drive, nor can they fly an aero plane.
Sometimes they can't even ride a bike.

The very old man on the ledge above the path did not know, that Daniel needed other things but a dragon: Parental love, some money, a room for himself, respect . . .

Actually he should have some experience in that way, being a magician for 300 years now. But when he saw children with sad faces, he immediately felt sorry for them, and wanted to do something instantly. It happens quite often that children are sad and the magician always thinks, he has to react to it. Although born under the name of

und man kann ihn nicht aussprechen – Ycxkqyxckq hat auch dieses Problem, aber er denkt von sich praktischerweise nicht als Ycxkqyxckq, sondern als oberster Zauberer der drei Reiche des Mondes, erster Magier der unrealen&realen Welten, Generalhexer der obersten Majestäten der Länder der Vernunft (oder was sie dafür halten), erhabenster Seher und Späher in allen Dimensionen (außer denen, wo man keine Pizza isst), vorzüglichster Meister des tierischen Magnetismus, außerordentlicher … naja und so weiter.

Nebenbei war er auch noch Dreisternekoch in Paris, aber das hängte er nicht gerne an die große Glocke, da rasierte er sich, machte sich dicker und trug eine gewaltige, fünfzig Zentimeter hohe weiße Mütze.

Man kann den Namen natürlich auch abkürzen, wenn man ihn das nicht hören lässt: Yks!

Ycxkqyxckq wanderte lautlos hinter Daniel her, nur eben oberhalb des Felsenbandes neben dem Weg, und hörte ihn noch ein paarmal seufzen und murmeln und dachte: „Nun gut, nun ja, also denn! Hmhm, jaja!"

Er rieb sich die Hände und war plötzlich verschwunden. Ein Jäger, der auf einem umgestürzten Baum saß, hatte gerade von der anderen Seite den Zauberer im Blickfeld seines teuren Fernglases gehabt, weil er nach einem Rehbock Ausschau hielt, der humpeln sollte, das hatte man ihm jedenfalls berichtet. Aber kaum hatte er scharfgestellt, sah er einen Opa - der sich in Luft auflöste.

3

Ein Stück weit musste er zur Straße hinauf, dann ging es wieder hinunter zum Schwarzachpfad. Er lief wieder und das große Felsentor kam näher. Langsam joggte er hindurch und - prallte zurück. Er traute seinen Augen nicht: Lag da ein Drache in der Höhle?
Er schluckte, da lag ein Drache und füllte die ganze Höhle aus. Anscheinend schlief er.
War der gefährlich? Wo kam er her? Was fraß er? Wieso hatte man vorher noch keinen Drachen hier gesehen?

Müller, his name now is Ycxkqyxckq, a funny name they gave him in a completely strange faraway land because they couldn't pronounce Müller!
Now we cannot pronounce Ycxkqyxckq and he also has this problem, but he likes the name, and he conveniently doesn't think as Ycxkqyxckq of himself, but as the Supreme Magician of the Three Empires of the Moon, First Magician of the Real & Unreal Worlds, Wizard General of the Lands of Reason (or what they are taking for reason), Grand Seer and Scout in all Dimensions (except for those dimensions, where they don't eat pizza, for what good are such dimensions anyway), Extraordinary Master of Animal Magnetism . . . well, and so on.

By the way, he also was the owner and three-star chef of a Parisian restaurant, but he didn't shout that from the rooftops. For that occasion he shaved and put on an enormous chef's hat of 60 centimeters.

The name Ycxkqyxckq could be shortened to Yks, but don't you let him hear that!

Ycxkqyxckq still followed Daniel, just above him on the ledge. And he heard him sigh and mutter a few times and thought, "Well, well, so then! Um, Um! Yeah, yeah!"

He rubbed his hands and suddenly disappeared. A hunter, who was sitting on a fallen tree on the other side of the river, had seen the old man through his expensive binoculars, because he was on the lookout for a hobbling buck, which had been reported to him yesterday. But having just focused, he saw an old man dissolve into thin air.

3

He had to go up to the street for a few hundred meters, then the path went back down to the Schwarzach. Again he ran and soon approached the rock arch. He came through and—bounced back. He couldn't believe his eyes, a big dragon was lying in the cave!
He swallowed, yes, there definitely was a dragon filling the whole cave. Apparently he slept.
Was he dangerous? Where did he come from? What would he eat? Why hadn't he ever seen a dragon around here previously?

Wieso hatte er sich eine Höhle ausgesucht, in die er nicht richtig reinpasste?

Irgendwie sah das riesige Ungeheuer nett aus. Zwar ragte es auch liegend über Daniel empor wie ein Rodelhügel, aber es schien im Schlaf zu grinsen. Nun gut, das tun Krokodile auch …

Plötzlich machte Daniel einen Satz zurück: Eins der Augen hatte sich geöffnet. Es war knallorange und sah doch recht gefährlich aus!

Das andere Auge klappte auch auf und der Kopf hob sich, das Maul öffnete sich und Daniel sagte: „Tu mir nichts, ich tu dir auch nichts!" Sicherheitshalber war er in den Felsenbogen des Durchgangs zurückgetreten.
Der komplett smaragdgrüne Drache hob den Kopf erstaunt noch mehr. „Warum sollte ich dir etwas tun! Historisch gesehen haben die Menschen mehr Drachen auf dem Gewissen als umgekehrt!", sagte er mit rumpelnder Stimme. „Und wer bist du überhaupt?"
„Daniel! Daniel heiße ich."
„Daniel! Ich bin Snatch (sprich Snätsch!). Du hast nicht zufällig etwas zu essen dabei. Ich habe ziemlichen Hunger!"
„Was frisst du denn so?"
„Ich fresse nicht, ich esse!", sagte das Monster würdevoll.
„Gut, was isst du denn so?"
„Kleine Kinder!", und Snatch hob den Kopf noch weiter und das Maul öffnete sich und … der Drache lachte. Er lachte laut und irgendwie bellend und hörte plötzlich wieder auf, denn Daniel war ja gar nicht mehr da.
Er rannte nämlich wie ein geölter Blitz den Weg zurück.
Laut dröhnte die Stimme des Drachen hinter ihm: „Das war doch nur ein Witz. Bleib stehen!"
„Jaha!", dachte Daniel. „Du kannst mich mal! Ich bleib doch nicht für dich stehen und geb eine leichte Beute für dich ab! So haben wir ja nicht gewettet!" Er musste es bis zur Siedlung hinauf schaffen, denn da waren Leute, Häuser …
Aber das war nur Wunschdenken. Hinter sich hörte er ein Rauschen in der Luft, als hätte man im Sommer sämtliche Ventilatoren aus allen Baumärkten des Landes angeschaltet, es krachte und knirschte in den Kronen der Bäume und der Drache landete vor ihm auf dem Weg.

Panisch machte Daniel einen Satz vom Weg

Why had he chosen a cave which he didn't fit in properly.

Somehow, the huge monster looked nice. Towering over Daniel like a sledding hill, it seemed to grin in its sleep. Well, crocodiles do that, too!

Suddenly, Daniel jumped back: one of the eyes had opened. It was of a radiant orange color and looked rather dangerous!

The other eyelid rose, the head lifted, the mouth opened, and Daniel quickly said, "Don't hurt me, I won't harm you!"
Cautiously he retreated to the rock arch. The dragon that was completely emerald green, raised his head even more surprised, "Why should I hurt you? Historically, people have slain more dragons than the other way round," he said with his rumbling voice. "And who are you anyway?"
"Daniel! Daniel is my name."
"Daniel! I'm Snatch. You do not accidentally carry something to eat with you, don't you? I have quite a hunger!"
"What sort of fodder do you need?"
"I don't need fodder, I dine!" The monster said with dignity.
"Well, what do you dine on then?"
"Little children," and Snatch raised his head even further, his mouth opened . . . and the dragon laughed. He laughed loudly and somehow barking and he stopped all of a sudden, because Daniel was not there any longer.
He was running like a bat out of hell the way back up to the road.
Behind him the voice of the dragon roared, "That was just a joke. Stay here!"
"Yeah!" Daniel thought. "Go and get stuffed! I won't stand there being an easy prey for you! No way!" He had to make it up to the village, because there were people, there were houses . . .

But that was just wishful thinking.
Behind himself he heard a rushing in the air, as if all ventilating fans in the country had been switched on. Then a crash in the crowns of the trees and the dragon landed smoothly on the way before him.

Panic made Daniel jump on the bank side, he

runter auf die Böschung, stolperte und rollte ins Wasser.

Platsch!

Nochmal Platsch, nur lauter und etwas fasste ihn behutsam hinten am Kragen, hob ihn hoch, um ihn zurück auf den Weg zu stellen.

„Ein Witz!", sagte Snatch, der noch im Wasser saß. Er stand auf, machte einen Satz aufs Trockene und schüttelte sich, dass es nur so spritzte. „Ich hasse Wasser!", fügte er hinzu, beugte den langen Hals und spuckte ein wenig Feuer dorthin, wo er immer noch nass war – auf den Bauch und die Beine hinunter. Es dampfte.

„Du bist ja auch ganz nass! Soll ich dich auch …"

„Neinnein, ich will nicht gegrillt werden!"

„Dann zieh doch wenigstens das Hemd aus und halte es in die Nähe meines Mundes! Ich kann das wirklich nicht mit ansehen, wenn du so nass und kalt herumläufst!"

Gesagt, getan, Daniel hielt das Hemd nahe an die orangene Flamme, die Snatch produzierte, und bald konnte er es wieder anziehen. Das fühlte sich ja richtig gut an!

„Peng!", knallte es und eine Stimme rief. „Junge, lauf weg!" Und nochmals „Peng!"

„Hihi!", sagte Snatch. „Das kitzelt!"

Und Daniel rief: „Der tut nichts, der will nur spielen!"

„Lauf!" Peng, Peng!

Snatch knurrte: „Weiß der denn nicht, dass ich unverwundbar bin?"

Nein, das wusste der Jäger nicht, der sowieso jetzt ganz verwirrt war. Erst lösen sich alte Männer in Luft auf, dann steht man vor einem Drachen. Das war einfach nicht sein Tag.

„Welch unfreundliche Atmosphäre!", sagte Snatch kopfschüttelnd. „Zu viel Blei in der Luft! Komm! Wenn du aufsitzt, können wir losdüsen und freundlichere Gesellschaft suchen."

Peng, eine Kugel sauste als Querschläger dicht über Daniels Kopf hinweg und das erleichterte seinen Entschluss enorm. Mit einem Satz waren sie in der Luft und mit gewaltigem Flügelrauschen transportierte der Drache Daniel über die Baumkronen, den Fluss und dann über den Wald auf der anderen Seite des Flusses und plötzlich sagte Snatch: „Ich rieche etwas zu essen, hm, lecker!", und er steuerte über die Felder auf die Nachbarstadt zu. Sie entfernten sich rapide von Daniels Zuhause!

„Also, ich wohne in der anderen Richtung!", rief Daniel in den Wind.

stumbled, fell and rolled into the water. Splash! Again a splashing, but louder this time, and something caught him behind the collar and lifted him back up to the path.

"A joke!" Snatch said, still sitting in the water. He got up, jumped on dry ground and shook himself like a dog. "I hate water," he added, bent the long neck and spat fire on his belly and his legs. Steam rose. "You also are quite wet! Shouldn't I . . .?"

"No, no, I don't want to be grilled!"

"Then take off at least the shirt and hold it close to the flame! I can hardly look at you walking around so wet and cold!"

So Daniel held the shirt up to the orange flame produced by Snatch, and soon he could put on his shirt again. It really felt good!

"Bang!" it boomed and a voice shouted, "Run away, boy!" And again, "Bang!"

"Hihi," Snatch said. "That tickles."

And Daniel shouted, "He won't hurt you, he just wants to play!"

"Run!" Bang, Bang!

Snatch growled, "Doesn't he know that I am invulnerable?"

No, the hunter didn't know this and was completely confused now. Old men vanishing, boys standing before dragons. This was just not his day.

"What an unfriendly atmosphere," Snatch said, shaking his head. "Too much lead in the air! Come! If you sit on, we can dart off and look for friendlier society."

Bang, a bullet whizzed past Daniel's head and made his decision easier.

They were in the air with a jump and the dragon transported Daniel with a mighty noise made by the wings over the treetops, over the river and the woods.

Suddenly Snatch hollered, "I'm smelling something to eat, well, yummy!" and he headed across the fields to the neighboring city. Rapidly they got away from Daniels home.

"Well, I'm living in Schwarzenbruck!" Daniel shouted into the wind.

„Gut!", rief der Drache zurück. „Gut! Riechst du das auch?"

„Nein", schrie Daniel. „Ich riech nichts! Ich wollte eben sagen, ich muss gleich nachhause zurück!"

„Gut!", rief der Drache.

„Also, was ich damit sagen will …"

„Bist du immer so umständlich?"

„Was?"

„Ich fragte, ob du immer so umständlich bist. Sag doch einfach, was dein Begehr ist, was wünschst du, was verlangst du, was möchtest du, was soll ich für dich machen, was kann ich für dich tun? Ich meine, was schwebt dir vor, wie gehts weiter?"

„Äh, bring mich nachhause!"

„Alles klar, aber erst wird gegessen!"

Daniel stöhnte.

„Schau, da gibts was Gutes!", rief Snatch und Daniel begriff, dass er auf das große Einkaufszentrum eines Nachbarortes zusteuerte, wo ein Minivolksfest stattfand. Mehrere Imbisswagen fanden sich dort, ein Fischstand, ein Hähnchengrill und eine Pommesbude. Außerdem ein Feuerwehrwagen, der Durst mit Bier löschte. Abends spielte eine Band Volksmusik.

Die Pommesbude bot leckere Fränkische Bratwurst, die hier über Holzkohlenfeuer gegrillt wurde. Davon konnte Daniel auch drei oder vier Stück futtern. Problemlos. Mit Senf natürlich.

"Good," the Dragon shouted back. "Good! Do you smell that?"

"No, I'm not smelling anything! I was about to say, I have to be back home soon!"

"Good," said the dragon.

"So what I'm saying . . ."

"Are you always so complicated?"

"What?"

"I asked, if you're always so awkward. Tell me just what is thy request, what do you want, what can I do for you, I mean, what do you have in mind?"

"Uh, take me home, please!"

"All right, but let's eat first!"

Daniel groaned.

"Look, there's something good," called Snatch and Daniel realized that he was heading for the shopping center of the next town, where a minifestival was being held. Several food vans were to be found there, a fish stall, a chicken barbecue and a chip shop. In addition, a fire truck to fight thirst with beer, and in the evening a group would play folk music.

The chip shop had delicious *Fränkische Würstchen*, Franconian sausages that were charcoal-grilled. Daniel was able to munch at least three of them, of course with mustard.

Die Auszüge aus
      Wünsch dir (k)einen Drachen
      und
      DO (NOT) WISH FOR DRAGONS
sind für diese Ausgabe gekürzt und überarbeitet!

Kostenlose Lösungen zu einigen Übungen und weitere Arbeitsblätter finden Sie auf der Homepage:

http://peterfeldmann-kinderbuch.jimdo.com

Beachten Sie bitte auch die Bücher

Taekwondo im Märchenwald

und

Die fliegende Luftmatratze